Suzette Ak Chat
Yon Sèl Grenn Je a
Jeanne Fortune
Ilistratè:
Viktoriia Popova

Editè (Anglè): Cate Hogan ak Ana Joldes
Ilistratè: Viktoriia Popova
Tradiktè: Learn Haitian Creole / Aprann Kreyòl Ayisyen
Editè (Kreyòl): Jean Junior Tchaikouvsky Semelfort
Konsepsyon/Kreyasyon: samiahmed321

Konpayi ki pibliye liv la: 5Ms Publishing

5Ms Publishing
San Diego, CA
www.fivemspublishing.com

ISBN: 978-1-7350928-9-8 (Hardcover)
ISBN: 978-1-957072-00-5 (Paperback)
ISBN: 978-1-957072-01-2 (eBook)
ISBN: 978-1-957072-02-9 (Audiobook)
ISBN : 978-1-957072-03-6 / 978-1-957072-04-3 (Kreyòl Ayisyen)

Library of Congress Control Number: 2021922068

Enprime nan peyi Etazini

Liv sa a disponib nan lang Anglèz sou non **Suzette and the One-Eyed Cat**

Pou tout timoun ki oze di yo vle diferan. Se pou n eksplore potansyalite nou.

N ap di Angela Tucker yon gran mèsi. Tucker travay nan The Adopted Life.

EXIT

Suzette ak paran li yo te fèk ateri an Ayiti pou premye fwa pou yo te vizite fanmi nesans li yo. Pandan Suzette ak manman li a t ap lave men yo nan douch nan ayewopò a, Suzette t ap gade reflè manman an nan miwa a. Li te remake jan li menm ak manman l pa t sanble ditou. Li t ap mande tèt li kisa li dwe genyen ki pa bon nan li. Poukisa pou li ta renmen rankontre ak fanmi ki pa t kapab kenbe l la? Suzette pa t vle pou li ta blese kè paran li yo pandan l ap montre fanmi li yo an Ayiti kòman li renmen yo. Suzette te gen anpil enkyetid sou sa a, e li menm te rive pè anpil. Li pa t vle pou l t al santi l nye pou yon dezyèm fwa.

E si rankont lan vin tounen yon deblozay? Suzette t ap kesyone tèt li.

Apre yo te fin kite ayewopò a, Suzette ak paran li yo te pran yon machin ki pou kondwi yo soti nan vil Pòtoprens (Port-au-prince) pou mennen yo Okay (Les Cayes). Suzette te wè machann yo ki t ap vann manje bò lari a.

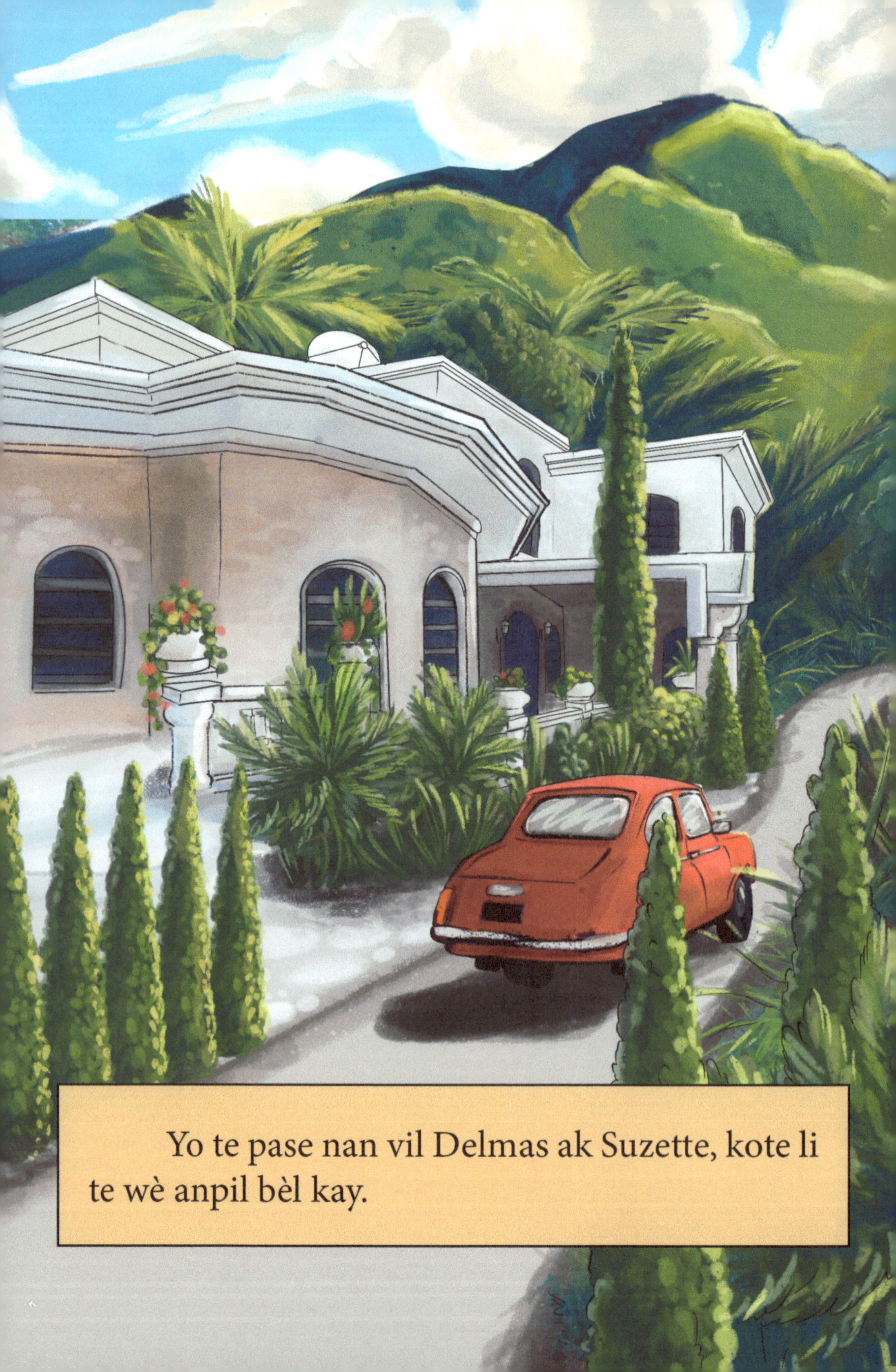

Yo te pase nan vil Delmas ak Suzette, kote li te wè anpil bèl kay.

Epi yo te pase nan vil Léogâne ak li tou kote li te wè anpil kalite pyebwa ak anpil pyekann.

Apre sa, yo te vin kite wout goudwon an, yo te kontinye kondwi sou yon wout ki te plen tè ak wòch. Wout la te vin kwense. Wout sa a te diferan pase tout lòt wout Suzette te konn abitye wè bò lakay li nan San Diego.

Se konsa, tout moun nan machin nan te vin swaf.

"Ann achte yon ti fresko pou n bwè," Manman li an te di.

Suzette te wè tout kalite koulè siwo e li te vle melanje yo tout ansanm pou l te fè yon fresko tankou koulè lakansyèl. Paran li yo, yo menm, yo te chwazi siwo seriz wouj la. Suzette pa t vle santi l diferan ak paran li yo. Touswit, li te chanje lide, li te deside li menm tou, pou li te pran yon koulè wouj. Li te vle fè menm jan ak paran li yo.

Fresco
Pi Bon
Fresco
5 GOURDES

Taksi a te vin rive nan fen wout tè a. Suzette ak paran li yo te monte sou do de bourik pou te mennen yo sou tèt mòn nan kote fanmi nesans li yo te abite a.

E si yo pa renmen m? Suzette te di nan tèt li.

E si yo pa bon moun? Li t ap panse.

E si yo gen kòn ak dan vanpi? Li t ap panse ak tout bagay sa yo nan tèt li.

E si yo gen kal sou po yo? Li te enkyete anpil pou tout kalite bagay sa yo.

E si yo se mons ki genyen gwo grif ?

E si yo pa renmen m?
E si yo pa bon moun?
E si yo gen kòn ak dan vanpi?
E si yo gen kal sou po yo?
E si yo se mons ki genyen gwo grif ?

Rive yo rive sou tèt mòn nan se lè sa a yo resi rive devan kay la. Suzette peze men paran li yo byen di pou l te ka santi l genyen fòs. Brisoukou, Suzette wè yon bèl dam ki parèt nan pa pòt la. Se te manman matènèl Suzette.

“M panse ou se Suzette,” manman matènèl li a te di ak yon ti vwa tou ba, nan lang kreyòl Ayisyen an.

Suzette te tanmen gade bèl très cheve manman matènèl li a. Li gade l latètopye. Li remake manman matènèl li a te gen yon gwo zòtèy menm jan avè l. Li te gen yon bèl souri sou lèv li, epi dan l yo te blan tankou nèj. Suzette te kapab tande vwa timoun yo ki t ap ri anndan kay la. Li te tande gwo kout ri yo deyè do manman matènèl li a. Suzette te vle souri, men li te santi yon vid anndan kè l epi tou li te santi l enkyete.

Kilès timoun sa yo ye? Èske se ta ka frè m ak sè m yo ye? Si se vre, poukisa m ap viv San Diego, epi y ap viv Ayiti? Depi kilè menm mwen San Diego? Poukisa mwen genyen de kalite fanmi?

Suzette pa t ka fè anyen, men li t ap panse ak tout bagay sa yo nan tèt li. Petèt li te ka parèt nòmal deyò, men li te ka gen dwa genyen yon pwoblèm andedan. Suzette te gen anpil kesyon men li pa t jwenn anpil repons.

Paran Suzette yo te pote foto pou montre fanmi matènèl li yo. Te gen foto ki montre kote Suzette t ap danse balè, te genyen foto kote li t ap monte bisiklèt, e te gen foto kote l t ap naje nan lanmè. Tout moun te rasanble pou gade foto yo. Yo te menm rive wè Suzette ki t ap soufle bouji sou gato kote lè li t ap fete. Tout moun t ap lonje dwèt sou foto yo, yo t ap ri, epi yo t ap pale, fè anpil kòmantè. Suzette ta swete li ta ka envizib pou yon ti moman.

Lè Suzette te lakay li nan Etazini, li te santi l diferan paske li pa t sanble ak paran li yo. Byenke kounye a li te reyini ak fanmi matènèl li yo, li te santi l pi diferan toujou malgre li sanble ak yo epi li te kapab pale kreyòl.

Poukisa mwen diferan konsa? Li te mande tèt li.

Suzette te konnen kote li te soti, men li pa t konnen ki kote li te fè pati. Kiyès li ye? E si l pa fè pati de okenn kote?

Youn nan foto yo te montre Suzette ki t ap monte yon pyebwa. Frè ak sè li yo te resi wè foto yon bagay yo konn fè paske yo konn monte pyebwa, tou.

Frè ak sè Suzette yo rale l nan lakou a, epi yo tout monte sou yon gwo pyezanmann ansanm.

Menm lè a, Suzette te santi yon kokennchenn koneksyon ak frè ak sè li yo. Paske yo te konn fè yon bagay li te konn fè tou.

Suzette te kòmanse wè menmsi vi yo te diferan, men gen bagay yo renmen ki menm. Suzette te kontan jwe ak frè ak sè l yo e li te ri byen fò pandan plizyè èdtan. Yo vin anvi konnen kisa l renmen.

"Èske ou renmen mango oswa zoranj?" yo te vle konnen.

"Mango," Suzette te di.

"Èske ou renmen danse oswa chante?" yo te mande l.

"Danse," Suzette te reponn.

"Èske ou renmen jwe deyò oswa gade televizyon?"

"Gade televizyon," Suzette te di yo.

Suzette te konstate menm frè ak sè li yo pa t gen menm repons pou kesyon yo. Pandan frè li a te prefere danse, sè li a menm te renmen chante. Nan kòmansman, frè ak sè Suzette yo te parèt tankou yo te menm jan, e li te parèt diferan. Men koulyea li reyalize frè ak sè li yo te trè diferan, tou. Anreyalite, Suzette vin reyalize tout moun diferan nan fason pa yo, e pa gen okenn pwoblèm nan sa.

Menm lè a, Suzette te santi yon kokennchenn koneksyon ak frè ak sè li yo. Paske yo te konn fè yon bagay li te konn fè tou.

Suzette te kòmanse wè menmsi vi yo te diferan, men gen bagay yo renmen ki menm. Suzette te kontan jwe ak frè ak sè l yo e li te ri byen fò pandan plizyè èdtan. Yo vin anvi konnen kisa l renmen.

"Èske ou renmen mango oswa zoranj?" yo te vle konnen.

"Mango," Suzette te di.

"Èske ou renmen danse oswa chante?" yo te mande l.

"Danse," Suzette te reponn.

"Èske ou renmen jwe deyò oswa gade televizyon?"

"Gade televizyon," Suzette te di yo.

Suzette te konstate menm frè ak sè li yo pa t gen menm repons pou kesyon yo. Pandan frè li a te prefere danse, sè li a menm te renmen chante. Nan kòmansman, frè ak sè Suzette yo te parèt tankou yo te menm jan, e li te parèt diferan. Men koulyea li reyalize frè ak sè li yo te trè diferan, tou. Anreyalite, Suzette vin reyalize tout moun diferan nan fason pa yo, e pa gen okenn pwoblèm nan sa.

Pandan Suzette te chita anba pyezanmann nan, yon chat ki te genyen yon sèl grenn je te vin bò kote l. Kè Suzette te fè l mal pou chat la.

"Kijan chat la fè fè tout bagay amizan yon chat ta sipoze fè?" Suzette te mande yo byen fò. "Èske li pa bezwen de je pou l al lachas?"

"Lavi chat la nòmal," sè Suzette la te eksplike l. "Poutan chat la kontan. Li pa menm konnen si l gen yon sèl grenn je."

Suzette te karese chat la. Li te kòmanse ap di nan tèt li sa petèt nòmal si li te diferan, tou.

Suzette ak paran li yo te di fanmi matènèl li yo orevwa. Suzette te remake pye manman l te kouvri ak pousyè. Solèy la te boule po papa l tou, e li te swe. Rad Suzette la te kouvri ak pousyè. Men kè tout moun te kontan.

Nan demen, fanmi matènèl Suzette yo te vin wè Suzette ak paran li yo nan otèl la pou yo t al manje ansanm. Manman matènèl li a te pote yon gwo plat tonmtonm.

Li te ba yo lam pile ak sòs kalalou. Daprè koutim yo, tonmtonm manje ak men sèlman, se annik vale l. Li te gentan di yo moun pa moulen tonmtonm.

Suzette te gade asyèt manje papa li a, ki te plen bannann peze ak taso kabrit. Apre sa, li te gade asyèt manje manman li an tou, ki te chaje ak diri kole ak pwa, ak legim. Fanmi matènèl li yo t ap manje tonmtonm. Li te renmen manje manje Ayisyen paske manman l te konn kwit yo souvan lè yo te San Diego. Vant li te bouyi. Se premye fwa nan vi l, li te grangou konsa.

"Mwen ta renmen manje nan tout," Suzette te di yo.

Yo te pale e yo te ri ansanm tankou yon sèl fanmi. Yo te manje jiskaske vant yo te plen.

Milton Keynes UK
Ingram Content Group UK Ltd.
UKHW050043040624
443593UK00010B/44/J